AF205411

Impressum
Verlag: BABADADA GmbH, Nedderfeld 112 , 22529 Hamburg
Geschäftsführer / Verlagsleitung: Harald Hof
Druck: Books on Demand GmbH, In de Tarpen 42, 22848 Norderstedt

Imprint
Publisher: BABADADA GmbH, Nedderfeld 112 , 22529 Hamburg, Germany
Managing Director / Publishing direction: Harald Hof
Print: Books on Demand GmbH, In de Tarpen 42, 22848 Norderstedt, Germany

学校

škola

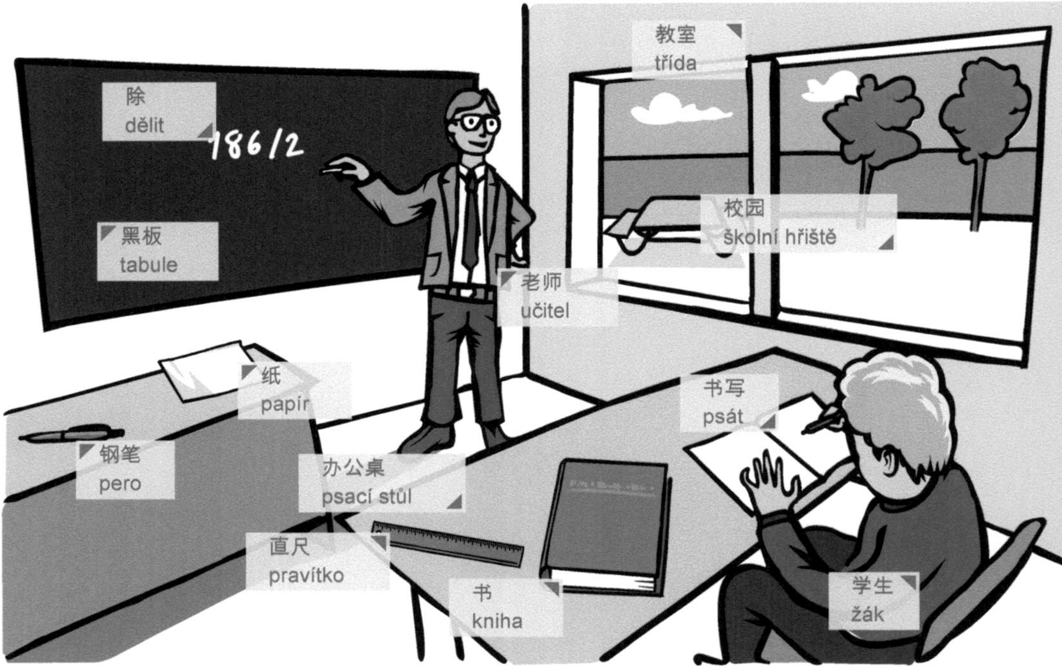
教室
třída
除
dělit
186/2
黑板
tabule
校园
školní hřiště
老师
učitel
纸
papír
书写
psát
钢笔
pero
办公桌
psací stůl
直尺
pravítko
书
kniha
学生
žák

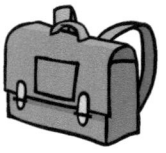

书包

aktovka

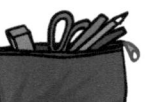

铅笔盒

penál

铅笔

tužka

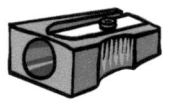

卷笔刀

ořezávátko

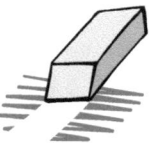

橡皮擦

guma

画板

blok na kreslení

图画
výkres

画笔
štětec

颜料盒
malířské potřeby

剪刀
nůžky

胶水
lepidlo

练习册
cvičebnice

家庭作业
domácí úkol

12

数字
počet

2+2

加
sčítat

5-2

减
odčítat

2×2

乘
násobit

计算
počítat

A

字母
písmeno

ABCDEFG
HIJKLMN
OPQRSTU
VWXYZ

字母表
abeceda

hello

字
slovo

课文

text

读

číst

粉笔

křída

上课

hodina

登记

třídní kniha

考试

zkouška

证书

vysvědčení

校服

školní uniforma

教育

vzdělání

百科全书

encyklopedie

大学

univerzita

显微镜

mikroskop

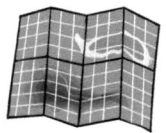

地图

karta

废纸筐

odpadkový koš na papír

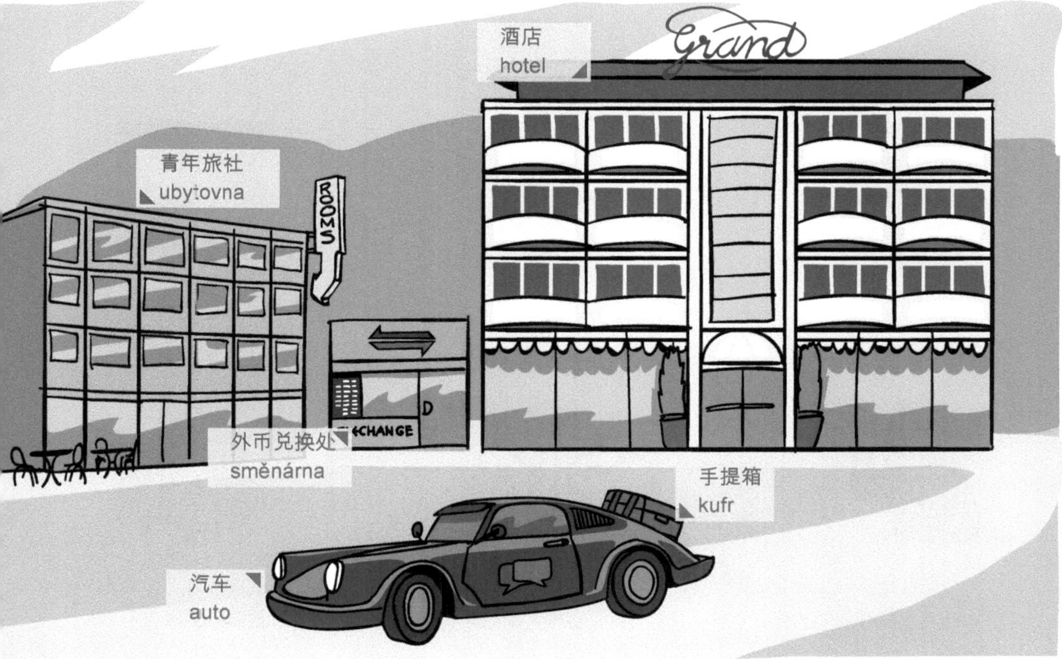
酒店
hotel
Grand
青年旅社
ubytovna
ROOMS
EXCHANGE
外币兑换处
směnárna
手提箱
kufr
汽车
auto

语言

jazyk

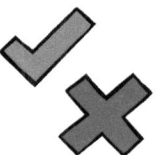

是/否

ano / ne

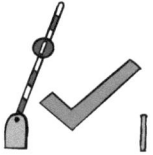

好的

oukej

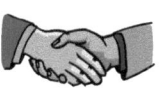

您好

Ahoj!

翻译员

překladatel

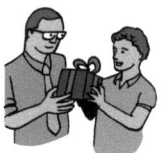

谢谢

děkuji

……多少钱？

Kolik stojí...?

我不明白

nerozumím

问题

problém

晚上好！

Dobrý večer!

早上好！

Dobré ráno!

晚安！

Dobrou noc!

再见

na shledanou

方向

směr

行李

zavazadlo

包

taška

双肩包

batoh

客人

host

房间

pokoj

睡袋

spací pytel

帐篷

stan

旅游信息

turistické informace

海滩

pláž

信用卡

kreditní karta

早餐

snídaně

午餐

oběd

晚餐

večeře

票

jízdenka

电梯

výtah

邮票

poštovní známka

边界

hranice

海关

clo

大使馆

poselství

签证

vízum

护照

pas

交通运输
transport

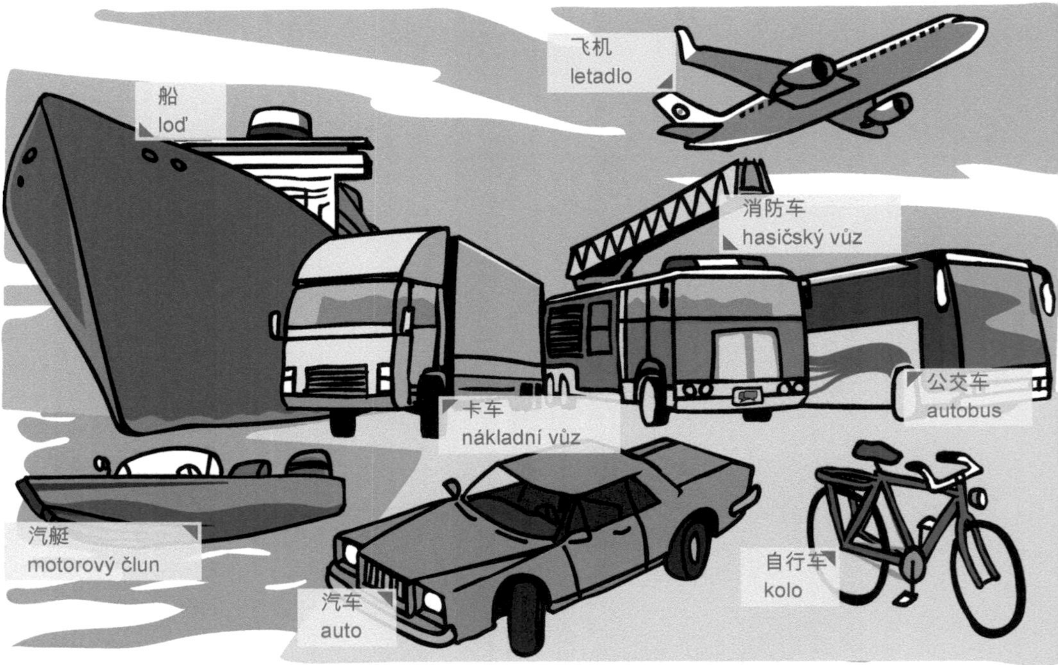

飞机
letadlo
船
loď
消防车
hasičský vůz
公交车
autobus
卡车
nákladní vůz
汽艇
motorový člun
自行车
kolo
汽车
auto

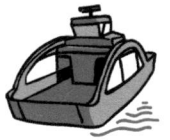

摆渡船

přívoz

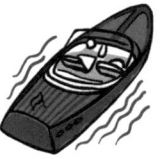

小船

člun

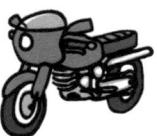

摩托车

motorka

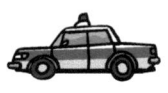

警车

policejní auto

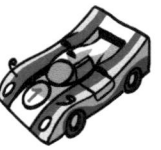

赛车

závodní auto

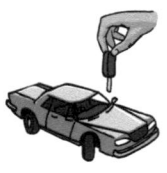

租车

pronajaté auto

拼车
sdílení aut

拖车
odtahová služba

垃圾车
popelářský vůz

发动机
motor

汽油
palivo

加油站
čerpací stanice

交通标志
dopravní značka

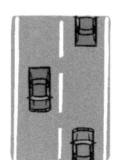

交通
doprava

交通堵塞
dopravní zácpa

停车场
parkoviště

火车站
vlakové nádraží

轨道
koleje

火车
vlak

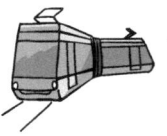

电车
tramvaj

货车
vagón

直升机

helikoptéra

机场

letiště

塔

věž

乘客

pasažér

集装箱

kontejner

纸板箱

kartón

手推车

trakař

篮子

koš

起飞/降落

vzlétnout / přistát

城市

město

村庄

vesnice

市中心

střed města

房子

dům

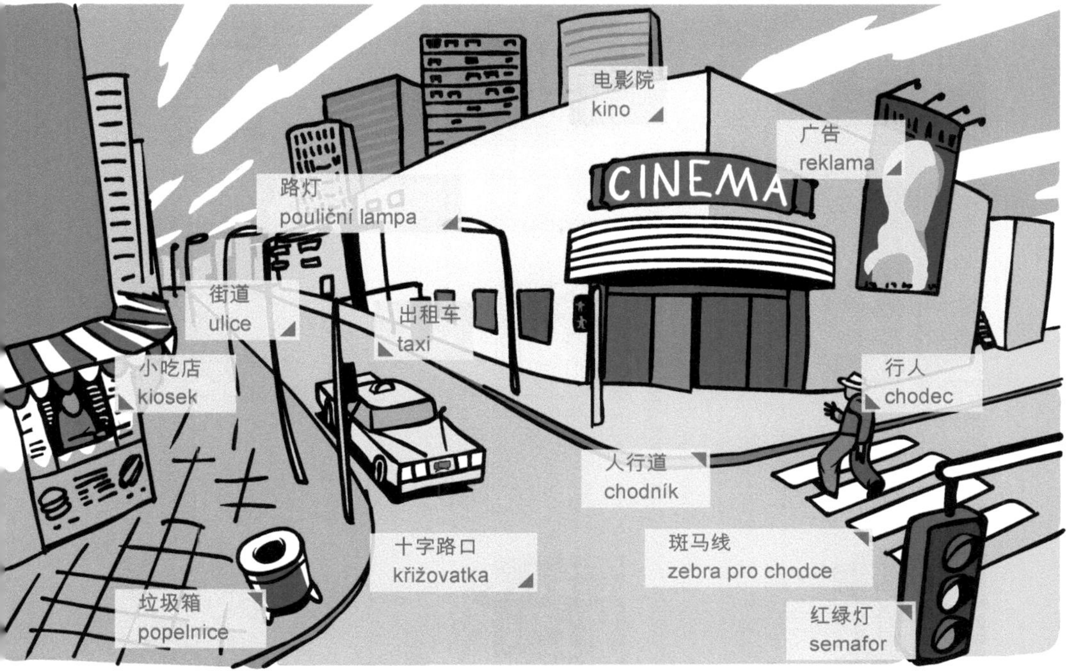
电影院
kino
CINEMA
广告
reklama
路灯
pouliční lampa
街道
ulice
出租车
taxi
小吃店
kiosek
行人
chodec
人行道
chodník
十字路口
křižovatka
斑马线
zebra pro chodce
垃圾箱
popelnice
红绿灯
semafor

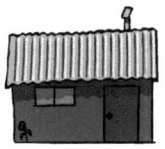

小屋

chata

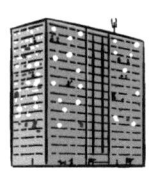

公寓

byt

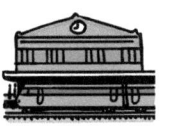

火车站

vlakové nádraží

市政厅

radnice

MUSEUM

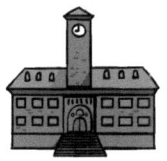

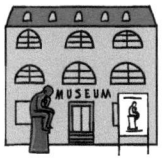

博物馆

muzeum

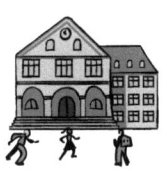

学校

škola

大学

univerzita

银行

banka

医院

nemocnice

酒店

hotel

药房

lékárna

办公室

kancelář

书店

knihkupectví

商店

obchod

花店

květinářství

超市

supermarket

市场

tržnice

百货商店

obchodní dům

鱼店

rybárna

购物中心

nákupní centrum

海港

přístav

公园

park

长凳

lavička

桥

most

楼梯

schody

地铁

metro

隧道

tunel

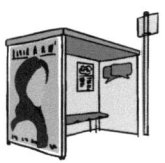

公交车站

autobusová zastávka

酒吧

bar

餐馆

restaurace

邮筒

poštovní schránka

路标

pouliční tabule

停车计时器

parkovací hodiny

动物园

zoo

游泳馆

plovárna

清真寺

mešita

农场

usedlost

污染

znečišťování životního prostředí

墓地

hřbitov

教堂

církev

操场

hřiště

寺庙

chrám

地形

krajina

树叶
list

指示牌
rozcestník

路
cesta

草地
louka

石头
kámen

树
strom

徒步旅行者
turista

河
řeka

草
tráva

花
květina

峡谷

údolí

山

hora

湖

jezero

森林

les

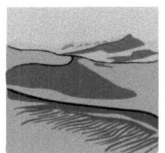

沙漠

poušť

火山

sopka

城堡

zámek

彩虹

duha

蘑菇

houba

棕榈树

palma

蚊子

komár

苍蝇

moucha

蚂蚁

mravenec

蜜蜂

včela

蜘蛛

pavouk

甲虫

brouk

青蛙

žába

松鼠

veverka

刺猬

ježek

野兔

zajíc

猫头鹰

sova

鸟

pták

天鹅

labuť

野猪

divoké prase

鹿

jelen

麋鹿

los

水坝

přehrada

风力发电机

větrné kolo

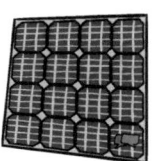

太阳能电池板

solární panel

气候

podnebí

餐馆

restaurace

服务员
číšník
菜单
jídelní lístek
椅子
židle
汤
polévka
披萨饼
pizza
餐具
příbor
桌布
ubrus

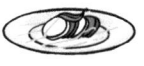

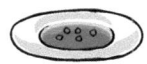

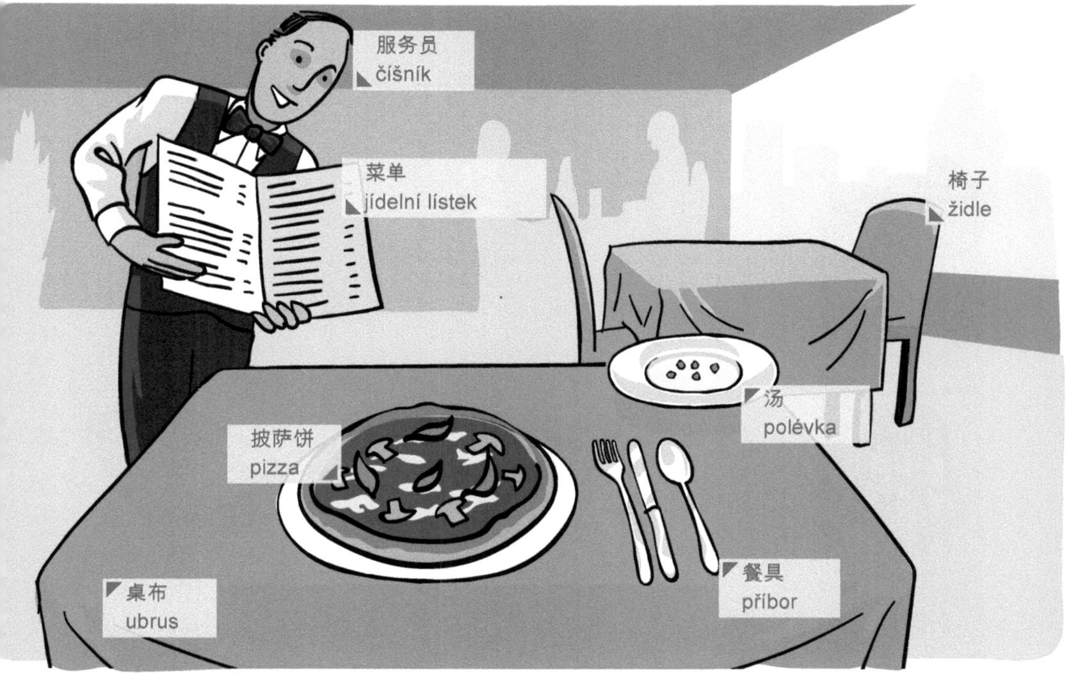

前菜

předkrm

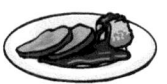

主菜

hlavní chod

甜点

dezert

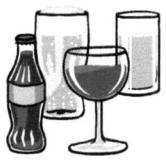

饮料

nápoje

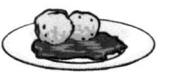

食物

jídlo

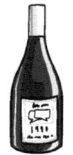

瓶子

láhev

快餐

rychlé občerstvení

街边小吃

pouliční občerstvení

茶壶

čajová konvice

糖盒

cukřenka

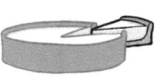

一份饭菜

porce

意式咖啡机

kávovar na espresso

高脚椅

dětská stolička

账单

faktura

托盘

tác

刀

nůž

餐叉

vidlička

勺子

lžíce

茶匙

čajová lyžička

餐巾

ubrousek

玻璃杯

sklenička

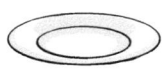

碟子

talíř

汤盘

talíř na polévku

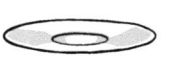

碟子

podšálek

酱

omáčka

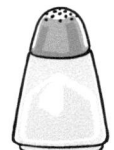

盐瓶

slánka

胡椒磨

mlýnek na pepř

醋

ocet

食用油

olej

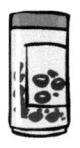

调味料

koření

番茄酱

kečup

芥末

hořčice

蛋黄酱

majonéza

超市

supermarket

特价
nabídka
FOR
顾客
zákazník
乳制品
mléčné výrobky
水果
ovoce
购物车
nákupní vozík

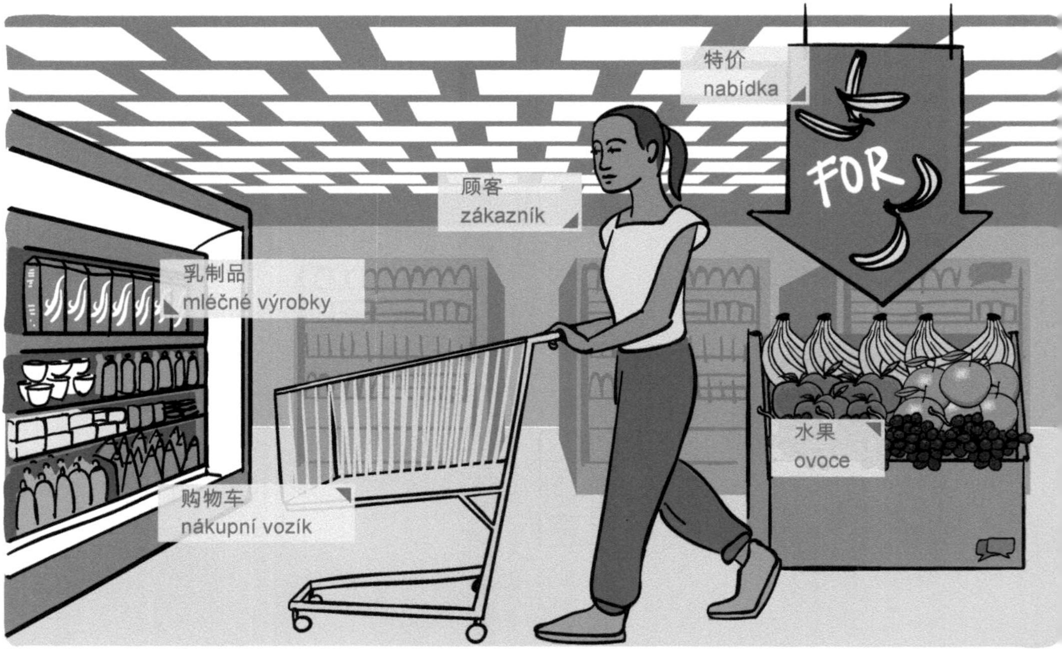

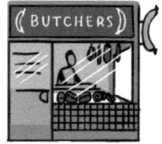

BUTCHERS

肉铺

masna

BAKERY

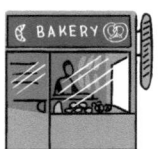

面包房

pekařství

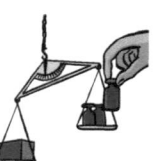

称重

vážit

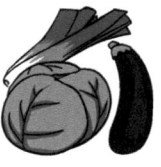

蔬菜

zelenina

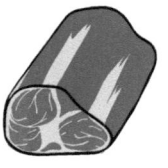

肉

maso

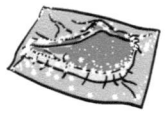

冷冻食品

mražené potraviny

冷盘

obložený talíř

罐头食品

konzervy

洗衣粉

prací prášek

甜食

cukrovinky

日用品

výrobky pro domácnost

清洁用品

čisticí prostředek

销售员

prodavačka

收银机

pokladna

收银员

pokladní

购物清单

nákupní seznam

开放时间

otevírací doba

钱包

peněženka

信用卡

kreditní karta

袋子

taška

塑料袋

igelitová taška

饮料

nápoje

水
voda

果汁
džus

牛奶
mléko

可乐
kola

红酒
víno

啤酒
pivo

酒
alkohol

可可
kakao

茶
čaj

咖啡
káva

意式浓缩咖啡
espresso

卡布奇诺
kapučíno

香蕉

banán

苹果

jablko

橙子

pomeranč

西瓜

meloun

柠檬

citrón

胡萝卜

mrkev

大蒜

česnek

竹子

bambus

洋葱

cibule

蘑菇

houba

坚果

ořechy

面条

těstoviny

意大利面条

špageti

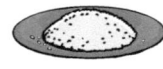

米饭

rýže

沙拉

salát

薯条

hranolky

炸土豆

americké brambory

披萨饼

pizza

汉堡包

hamburger

三明治

sendvič

炸猪排

řízek

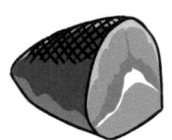

火腿

šunka

萨拉米

salám

香肠

salám

鸡肉

kuře

烤肉

pečeně

鱼

ryby

燕麦片
ovesné vločky

穆兹利
müsli

玉米片
vločky

面粉
mouka

羊角面包
croissant

面包卷
houska

面包
chléb

烤面包
toast

饼干
sušenky

黄油
máslo

凝乳
tvaroh

蛋糕
buchta

蛋
vejce

煎蛋
volské oko

奶酪
sýr

冰激凌

zmrzlina

糖

cukr

蜂蜜

med

果酱

marmeláda

巧克力酱

nugátový krém

咖喱饭

kari

农场
usedlost

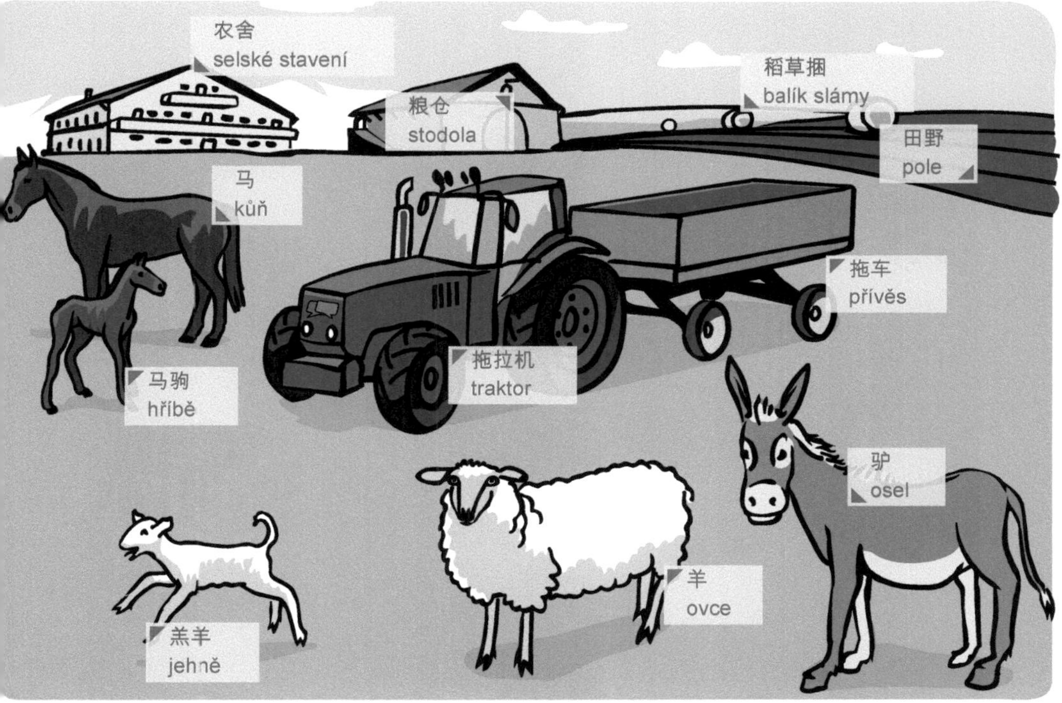

农舍
selské stavení
粮仓
stodola
稻草捆
balík slámy
田野
pole
马
kůň
拖车
přívěs
拖拉机
traktor
马驹
hříbě
驴
osel
羊
ovce
羔羊
jehně

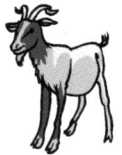

山羊

koza

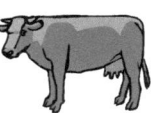

奶牛

kráva

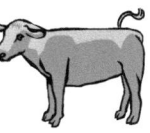

牛犊

tele

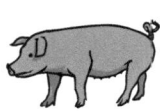

猪

prase

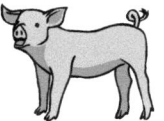

小猪

sele

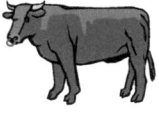

公牛

býk

鹅

husa

鸭

kachna

小鸡

kuře

母鸡

slepice

公鸡

kohout

鼠

krysa

猫

kočka

老鼠

myš

牛

vůl

狗

pes

狗屋

psí bouda

花园浇水软管

zahradní hadice

洒水壶

kropicí konev

长柄大镰刀

kosa

犁

pluh

镰刀

srp

锄头

motyka

长柄草耙

vidle

斧头

sekera

独轮手推车

kolecko

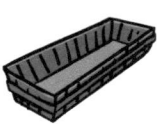

饲料槽

koryto

牛奶罐

konev na mléko

麻布袋

pytel

栅栏

plot

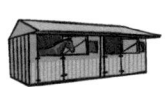

马厩

stáj

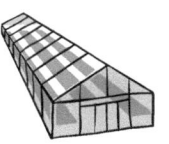

温室

skleník

土壤

půda

种子

osivo

肥料

hnojivo

联合收割机

kombajn

收割

sklidit

收割

sklizeň

山药

smldinec

小麦

pšenice

大豆

sója

土豆

brambora

玉米

kukuřice

油菜籽

řepka

果树

ovocný strom

树薯

maniok

谷物

obilí

房子
dům

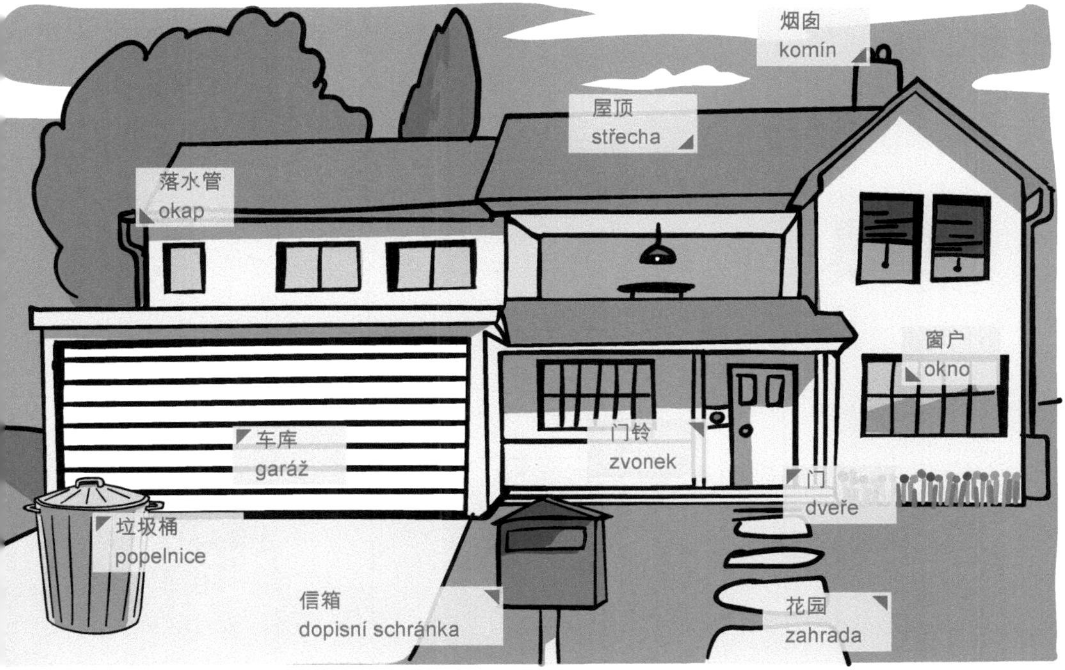

烟囱
komín
屋顶
střecha
落水管
okap
窗户
okno
车库
garáž
门铃
zvonek
门
dveře
垃圾桶
popelnice
信箱
dopisní schránka
花园
zahrada

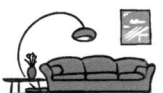

客厅

obývací pokoj

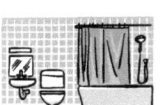

浴室

koupelna

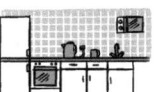

厨房

kuchyně

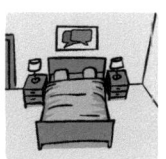

卧室

ložnice

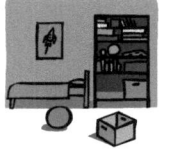

儿童房

dětský pokoj

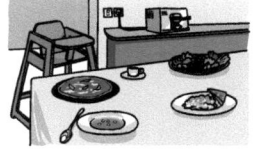

餐厅

jídelna

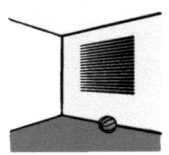

地板

podlaha

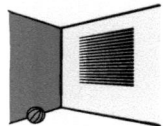

墙壁

zeď

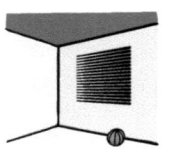

吊顶

deka

地窖

sklep

桑拿

sauna

阳台

balkón

露台

terasa

游泳池

bazén

割草机

sekačka na trávu

被单

ložní prádlo

床罩

lůžková přikrývka

床

postel

扫帚

smeták

水桶

kýbl

开关

vypínač

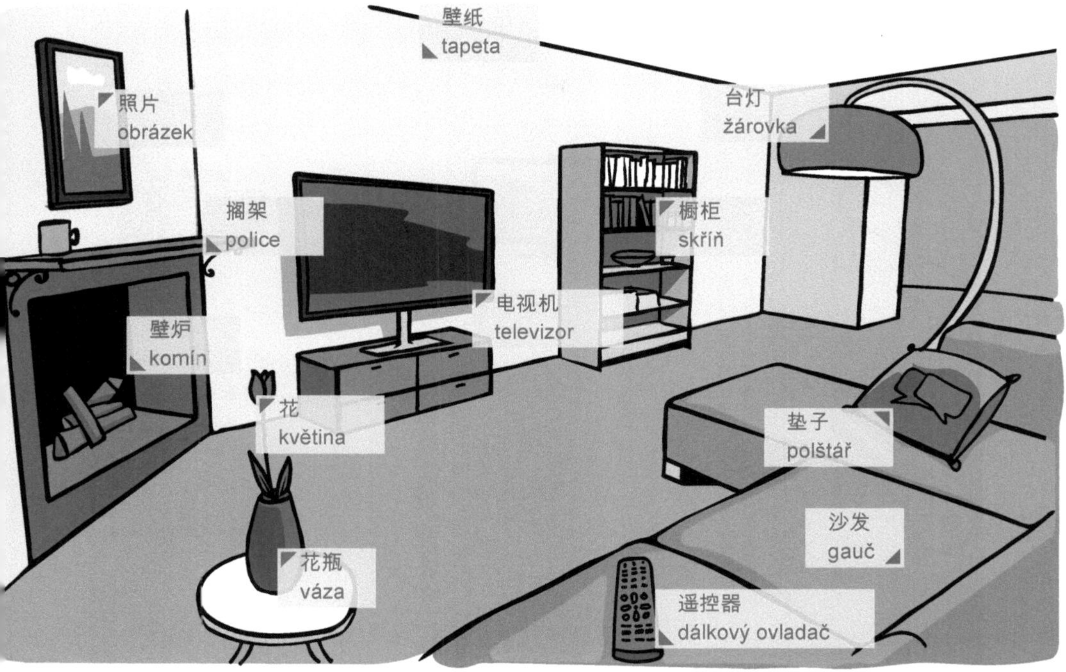

壁纸
tapeta

照片
obrázek

台灯
žárovka

搁架
police

橱柜
skříň

壁炉
komín

电视机
televizor

花
květina

垫子
polštář

沙发
gauč

花瓶
váza

遥控器
dálkový ovladač

地毯
koberec

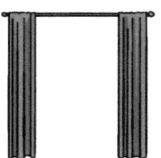

窗帘
závěs

餐桌
stůl

椅子
židle

摇椅
houpací křeslo

扶手椅
křeslo

书
kniha

毯子
strop

装饰品
ozdoba

木柴
palivové dříví

电影
film

高保真音响
stereo souprava

钥匙
klíč

报纸
noviny

油画
malba

海报
plakát

收音机
rádio

笔记本
poznámkový blok

吸尘器
vysavač

仙人掌
kaktus

蜡烛
svíce

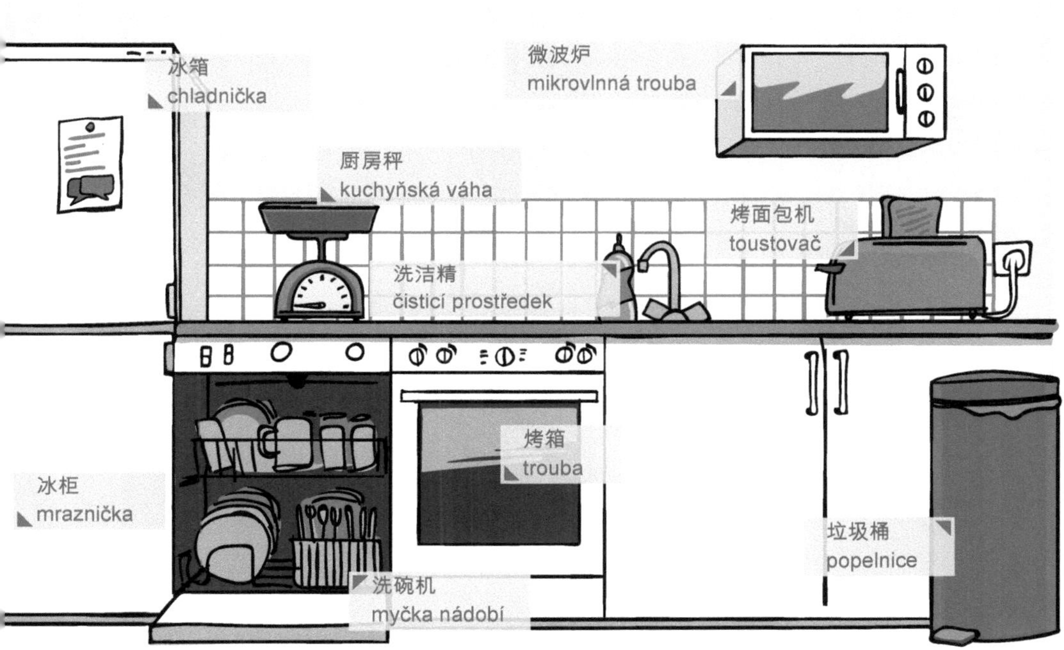

冰箱
chladnička

微波炉
mikrovlnná trouba

厨房秤
kuchyňská váha

洗洁精
čisticí prostředek

烤面包机
toustovač

冰柜
mraznička

烤箱
trouba

垃圾桶
popelnice

洗碗机
myčka nádobí

炊具

sporák

锅

hrnec

铸铁锅

litinový hrnec

炒锅

wok / kadai

平底锅

pánev

水壶

varná konvice

蒸锅

parní hrnec

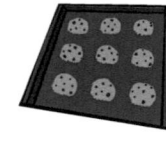

烤盘

plech na pečení

陶瓷锅

nádobí

马克杯

hrnek

碗

miska

筷子

jídelní hůlky

长柄勺

naběračka

铲子

obracečka

搅拌器

metla

滤网

síto

筛子

cedník

磨碎机

struhadlo

研钵

hmoždíř

烧烤

gril

明火

ohniště

菜板

prkénko na krájení

擀面杖

váleček na těsto

开瓶器

vývrtka

罐子

dóza

开罐器

otvírák na konzervy

隔热手套

chňapka

水槽

umyvadlo

刷子

kartáč na nádobí

海绵

houba

搅拌机

mixér

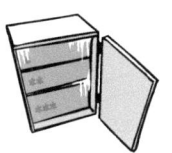

冷藏箱

mrazák

奶瓶

dětská lahev

水龙头

kohoutek

浴室

koupelna

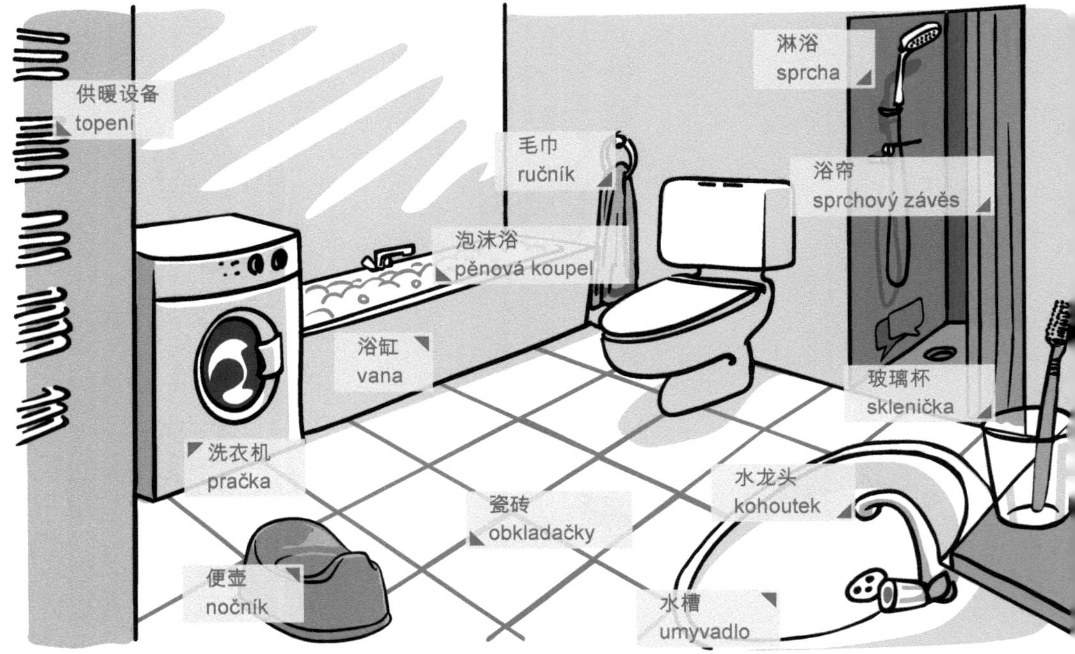
淋浴
sprcha
供暖设备
topení
毛巾
ručník
浴帘
sprchový závěs
泡沫浴
pěnová koupel
浴缸
vana
玻璃杯
sklenička
洗衣机
pračka
水龙头
kohoutek
瓷砖
obkladačky
便壶
nočník
水槽
umyvadlo

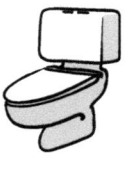

厕所

záchod

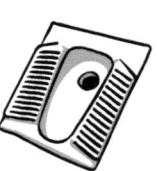

蹲便器

turecký záchod

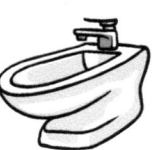

坐浴器

bidet

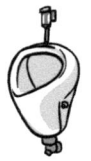

小便池

pisoár

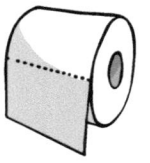

厕纸

toaletní papír

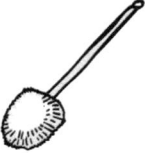

马桶刷

záchodová štětka

牙刷

zubní kartáček

牙膏

zubní pasta

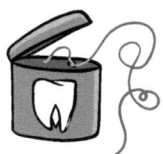

牙线

zubní niť

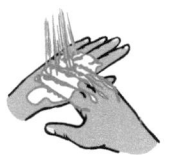

洗

mýt

手持式喷淋头

ruční sprcha

冲洗器

intimní sprcha

洗脸盆

umyvadlo

擦背刷

kartáč na záda

肥皂

mýdlo

沐浴露

sprchový gel

洗发水

šampón

法兰绒

žínka

排水

odpad

乳霜

krém

除臭剂

deodorant

镜子

zrcadlo

手镜

kosmetické zrcátko

剃须刀

holicí strojek

剃须泡沫

pěna na holení

须后水

voda po holení

梳子

hřeben

刷子

kartáč

吹风机

fén

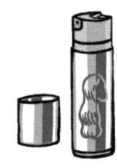

喷发定型剂

lak na vlasy

化妆品

makeup

唇膏

rtěnka

指甲油

lak na nehty

化妆棉

vata

指甲剪

nůžky na nehty

香水

parfém

洗漱包

taška s toaletními potřebami

凳子

stolička

计重秤

váha

浴袍

župan

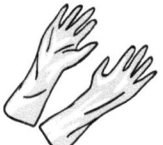

橡胶手套

gumové rukavice

卫生棉条

tampón

卫生巾

dámská vložka

化学厕所

chemická toaleta

儿童房
dětský pokoj

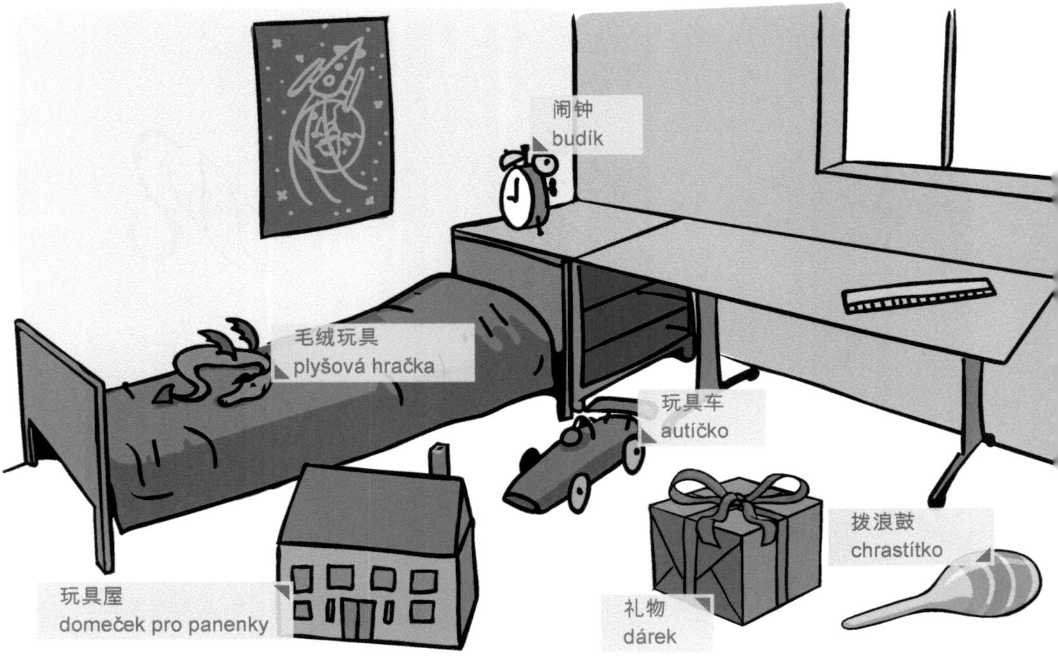

闹钟
budík

毛绒玩具
plyšová hračka

玩具车
autíčko

拨浪鼓
chrastítko

玩具屋
domeček pro panenky

礼物
dárek

气球

balón

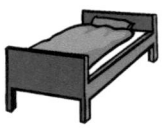

床

postel

（洋娃娃用）婴儿车

kočárek

扑克牌

balíček karet

拼图

puzzle

漫画

komiks

乐高积木

lego kostky

积木玩具

stavebnice

玩具人

akční figurka

婴儿服

dupačky

飞盘

frisbee

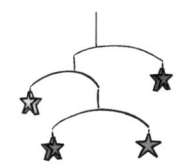

床铃玩具

závěsné hračky nad postýlku

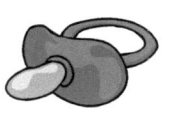

棋盘游戏

desková hra

骰子

kostky

火车模型

modelová železnice

安抚奶嘴

dudlík

聚会

oslava

绘本

obrázková kniha

球

míč

洋娃娃

panenka

玩

hrát si

沙坑

pískoviště

秋千

houpačka

玩具

hračky

游戏机

hrací konzole

三轮车

tříkolka

泰迪熊

medvídek

衣柜

šatník

衣服

oblečení

袜子

ponožky

长袜

punčochy

紧身裤

punčochové kalhoty

围巾
šála

皮带
pásek

雨伞
deštník

T恤
tričko

靴子
kozačky

拖鞋
domácí obuv

运动鞋
tenisky

凉鞋
sandály

鞋
obuv

雨靴
holínky

内裤
spodní prádlo

胸罩
podprsenka

背心
nátělník

身体

body

裤子

kalhoty

牛仔裤

džíny

短裙

sukně

女式衬衫

blůza

衬衫

košile

套头衫

svetr

卫衣

mikina

西装夹克

blejzr

夹克

bunda

外套

kabát

雨衣

pláštěnka

套装

kostým

连衣裙

šaty

婚纱

svatební šaty

西装

oblek

睡袍

noční košile

睡衣

pyžamo

莎丽

sárí

头巾

šátek na hlavu

包头巾

turban

波卡

burka

卡夫坦

kaftan

(阿拉伯式)长袍

abája

泳衣

plavky

男式泳裤

pánské plavky

短裤

kraťasy

运动服

tepláková souprava

围裙

zástěra

手套

rukavice

纽扣

knoflík

眼镜

brýle

手链

náramek

项链

náhrdelník

戒指

prsten

耳环

náušnice

便帽

čepice

衣架

ramínko

帽子

klobouk

领带

kravata

拉链

zip

头盔

helma

背带

kšandy

校服

školní uniforma

制服

uniforma

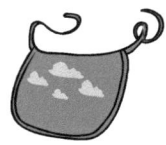

围兜

bryndák

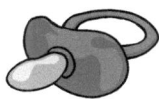

安抚奶嘴

dudlík

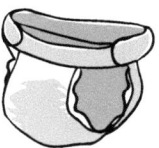

尿不湿

plena

办公室

kancelář

服务器
server
文件柜
kartotéka
打印机
tiskárna
纸
papír
显示屏
monitor
鼠标
myš
办公桌
psací stůl
文件夹
šanon
键盘
klávesnice
废纸篓
odpadkový koš na papír
椅子
židle
电脑
počítač

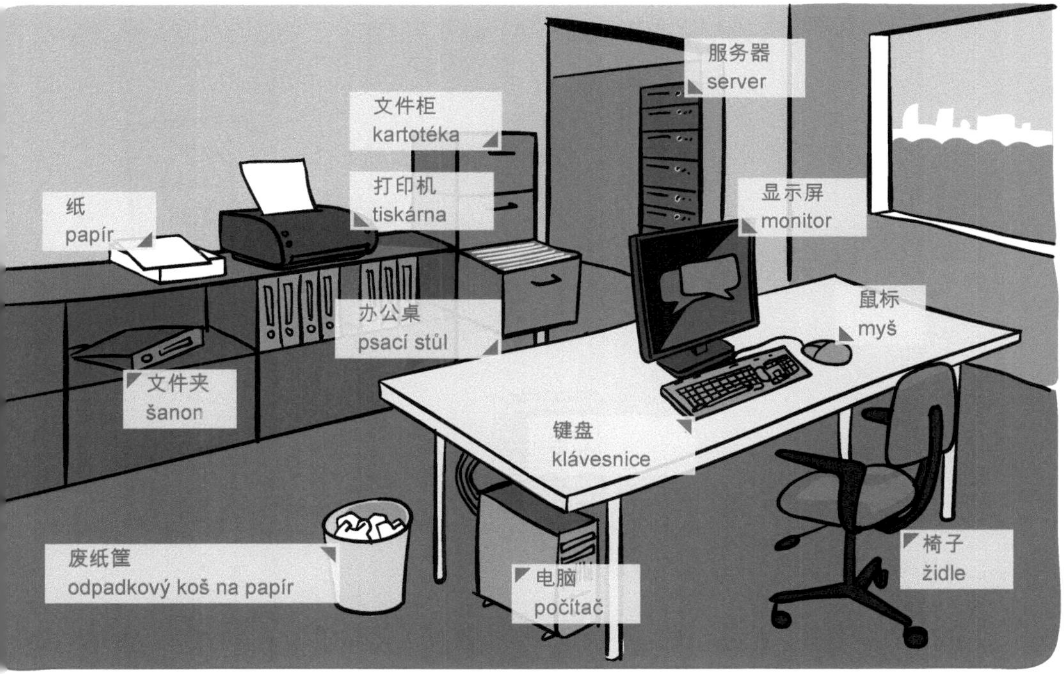

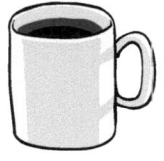

咖啡杯

hrnek na kávu

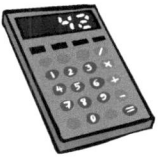

计算器

kalkulačka

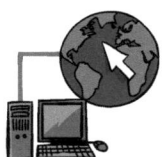

因特网

internet

笔记本电脑

notebook

信件

dopis

消息

zpráva

手机

mobil

网络

síť

复印机

kopírka

软件

software

电话

telefon

插座

zásuvka

传真机

fax

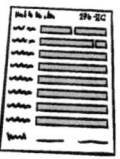

表格

formulář

文件

dokument

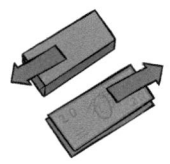

买

nakupovat

付钱

zaplatit

交易

jednat

现金

peníze

美元

dolar

欧元

euro

日元

jen

卢布

rubl

瑞士法郎

frank

人民币

juan

卢比

rupie

提款处

bankomat

外币兑换处

směnárna

金

zlato

银

stříbro

石油

olej

能源

energie

价格

cena

合同

smlouva

税金

daň

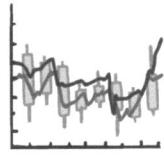

股票

akcie

工作

pracovat

职员

zaměstnanec

老板

zaměstnavatel

工厂

továrna

商店

obchod

警官
policista

消防员
hasič

厨师
kuchař

医生
lékař

飞行员
pilot

园丁

zahradník

木匠

truhlář

裁缝

švadlena

法官

soudce

化学家

chemik

演员

herec

公交车司机

řidič autobusu

出租车司机

řidič taxi

渔夫

rybář

清洁女工

uklízečka

屋顶工

pokrývač

服务员

číšník

猎人

myslivec

画家

malíř

面包师

pekař

电工

elektrikář

建筑工人

stavební dělník

工程师

inženýr

屠夫

řezník

水管工

klempíř

邮递员

listonoš

士兵

voják

建筑师

architekt

收银员

pokladní

花农

florista

理发师

kadeřník

售票员

průvodčí

机械师

mechanik

船长

kapitán

牙医

zubař

科学家

vědec

拉比

rabín

伊玛目

imám

和尚

mnich

牧师

duchovní

工具

nářadí

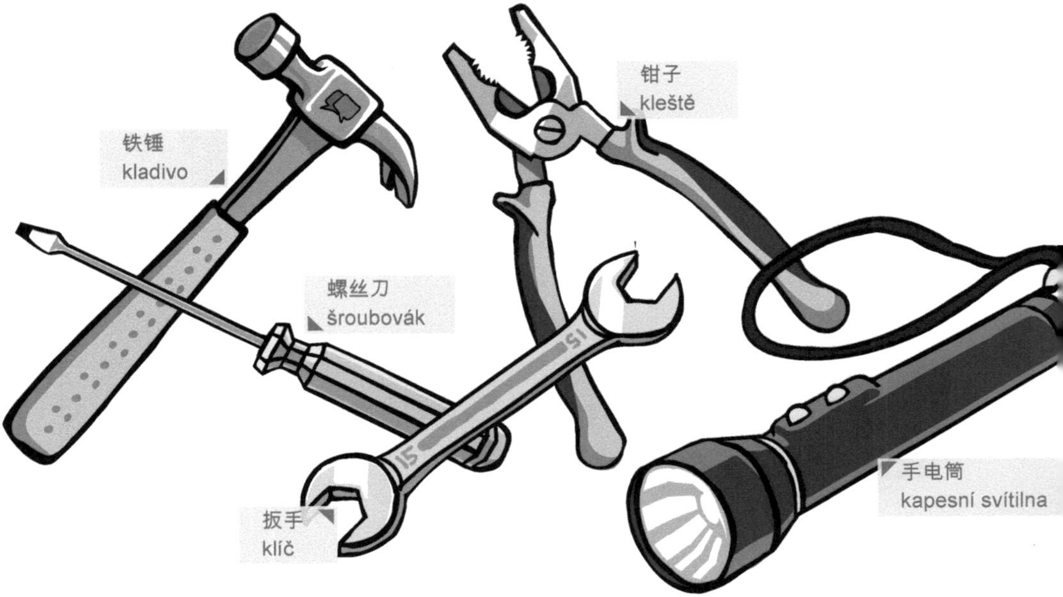
铁锤
kladivo
钳子
kleště
螺丝刀
šroubovák
扳手
klíč
手电筒
kapesní svítilna

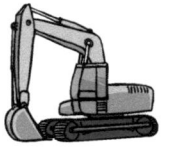

挖掘机

bagr

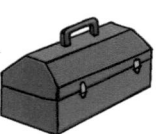

工具箱

skříň na nářadí

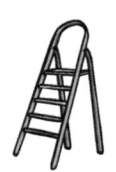

梯子

žebřík

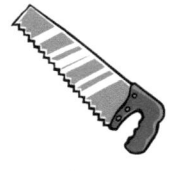

锯子

pila

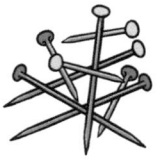

钉子

hřebíky

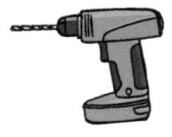

钻机

vrtačka

修
....
opravit

铲子
....
lopata

靠！
....
Kurva!

簸箕
....
lopatka

油漆桶
....
vědroé na barvu

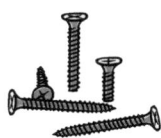

螺丝
....
šrouby

乐器

hudební nástroje

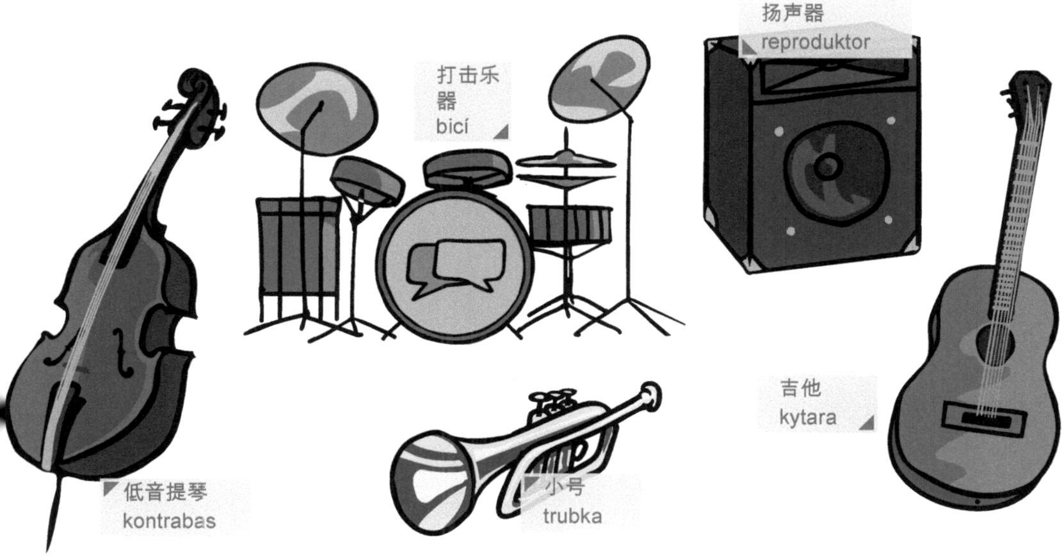

低音提琴
kontrabas

打击乐器
bicí

扬声器
reproduktor

吉他
kytara

小号
trubka

钢琴

klavír

小提琴

housle

贝斯

basa

定音鼓

tympán

鼓

bubny

电子琴

keyboard

萨克斯管

saxofon

长笛

flétna

麦克风

mikrofon

动物园

ZOO

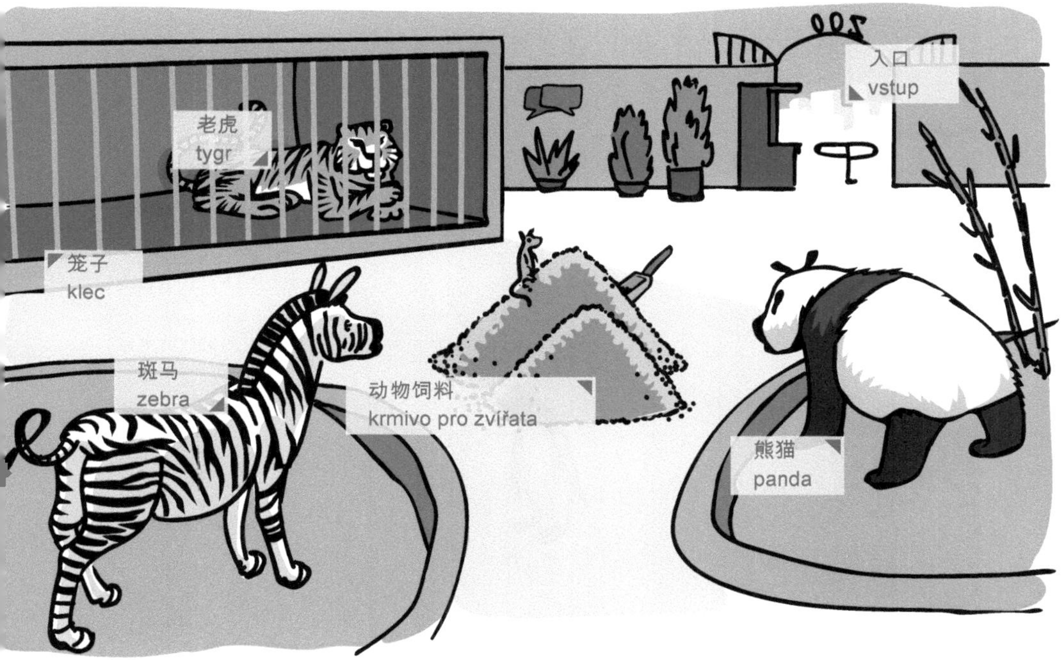

入口
vstup
老虎
tygr
笼子
klec
斑马
zebra
动物饲料
krmivo pro zvířata
熊猫
panda

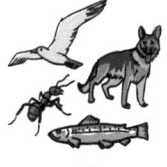

动物

zvířata

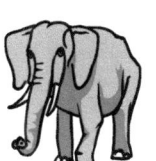

大象

slon

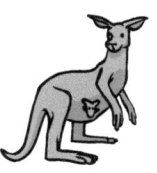

袋鼠

klokan

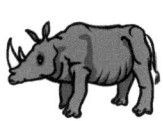

犀牛

nosorožec

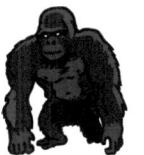

大猩猩

gorila

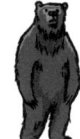

熊

medvěd

骆驼

velbloud

鸵鸟

pštros

狮子

lev

猴子

opice

火烈鸟

plameňák

鹦鹉

papoušek

北极熊

lední medvěd

企鹅

tučňák

鲨鱼

žralok

孔雀

páv

蛇

had

鳄鱼

krokodýl

动物园管理员

ošetřovatel zvířat

海豹

tuleň

美洲豹

jaguár

矮种马

poník

豹

leopard

河马

hroch

长颈鹿

žirafa

老鹰

orel

野猪

divoké prase

鱼

ryby

龟

želva

海象

mrož

狐狸

liška

羚羊

gazela

橄榄球
americký fotbal

骑自行车
cyklistika

网球
tenis

篮球
košíková

游泳
plavání

拳击
box

冰球
lední hokej

英式足球
kopaná

羽毛球
badminton

田径
lehká atletika

手球
házená

滑雪
běh na lyžích

马球
vodní pólo

笑
smát se

跳
skočit

拥抱
objímat

走路
jít

唱
zpívat

做梦
snít

祈祷
modlit se

亲吻
políbit

书写

psát

画

kreslit

展示

ukazovat

推

tlačit

给

dát

拿

vzít si

有

mít

做

dělat

当

být

站

stát

跑

běhat

拉

táhnout

扔

hodit

摔倒

padat

躺

ležet

等待

čekat

携带

nosit

坐

sedět

穿衣

oblékat

睡觉

spát

醒来

vzbudit se

看

prohlédnout si

哭

plakat

抚摸

pohladit

梳头

česat

交谈

hovořit

明白

rozumět

问

ptát se

听

slyšet

喝

pít

吃

jíst

清理

uklidit

爱

milovat

做饭

vařit

开车

jet

飞

letět

航行

plachtit

计算

počítat

读

číst

学习

učit se

工作

pracovat

结婚

vzít si

缝

šít

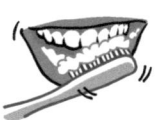

刷牙

čistit si zuby

杀

zabít

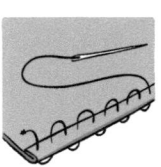

抽烟

kouřit

寄

poslat

祖母
babička

祖父
dědeček

父亲
otec

母亲
matka

婴童
dítě

女儿
dcera

儿子
syn

客人

host

阿姨

teta

叔叔

strýc

兄弟

bratr

姐妹

sestra

身体

tělo

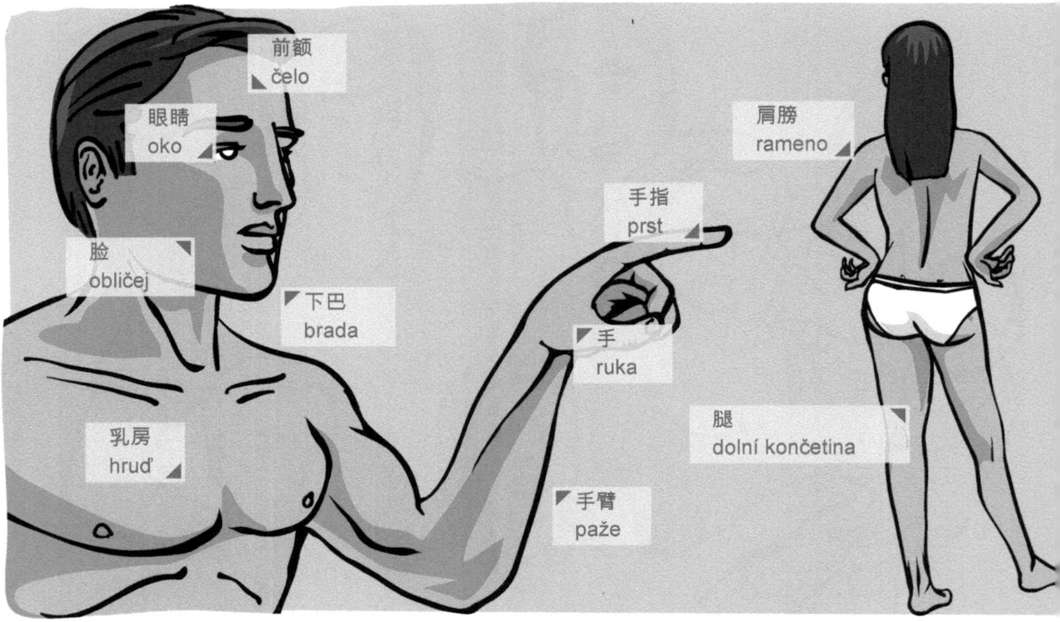

前额
čelo
眼睛
oko
肩膀
rameno
手指
prst
脸
obličej
下巴
brada
手
ruka
腿
dolní končetina
乳房
hruď
手臂
paže

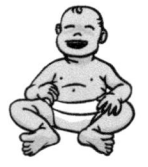

婴童

dítě

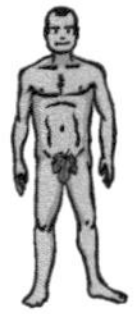

男人

muž

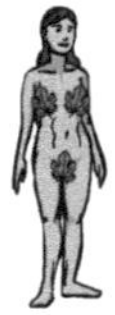

女人

žena

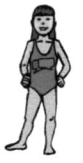

女孩

dívka

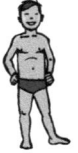

男孩

chlapec

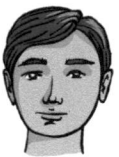

头

hlava

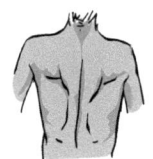

背部

záda

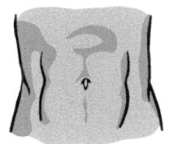

肚子

břicho

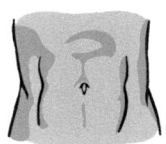

肚脐

pupík

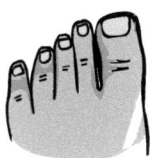

脚趾

prst na noze

脚后跟

pata

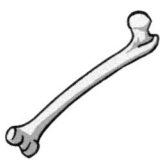

骨头

kost

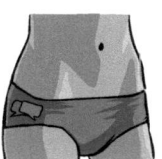

臀部

bok

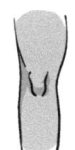

膝盖

koleno

手肘

loket

鼻子

nos

屁股

zadek

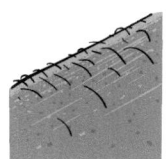

皮肤

kůže

脸颊

tvář

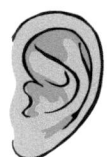

耳朵

ucho

嘴唇

ret

身体 - tělo

嘴

ústa

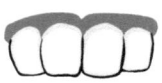

牙齿

zub

舌头

jazyk

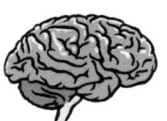

脑

mozek

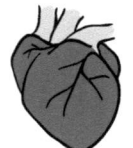

心脏

srdce

肌肉

sval

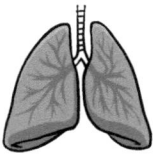

肺

plíce

肝脏

játra

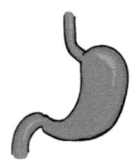

胃

žaludek

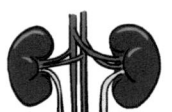

肾脏

ledviny

性交

pohlavní styk

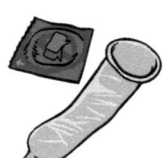

避孕套

kondom

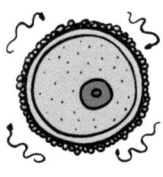

卵子

vajíčko

精子

sperma

怀孕

těhotenství

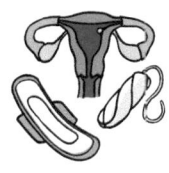

月经

menstruace

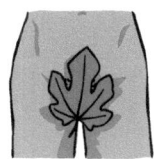

阴道

vagina

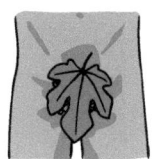

阴茎

penis

眉毛

obočí

头发

vlasy

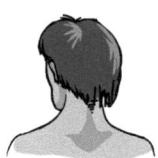

脖子

krk

医院

nemocnice

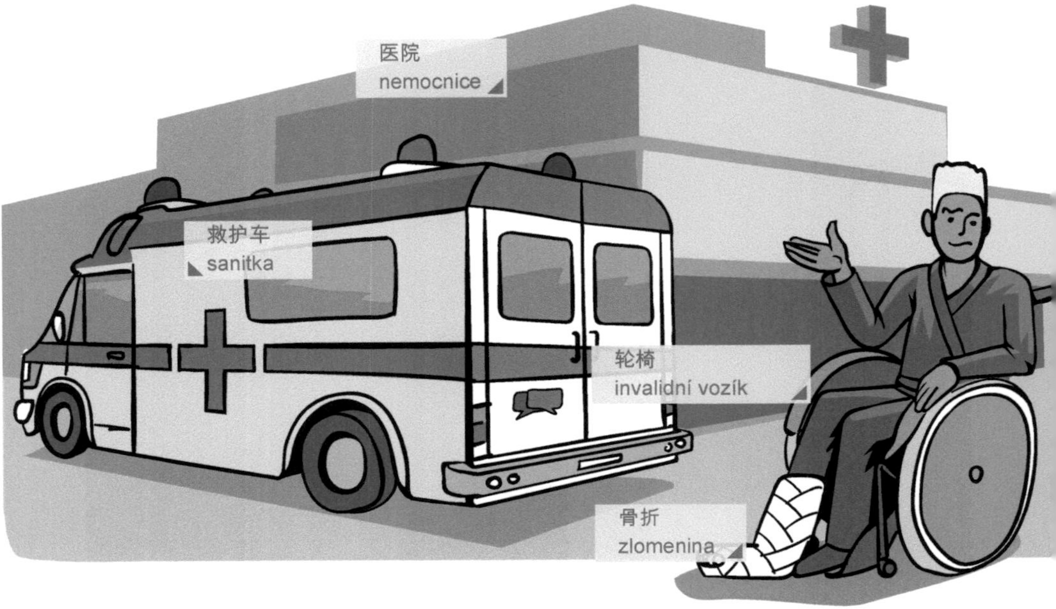

医院
nemocnice
救护车
sanitka
轮椅
invalidní vozík
骨折
zlomenina

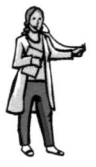

医生

lékař

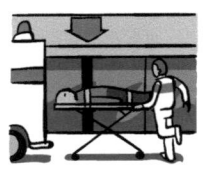

急诊室

pohotovost

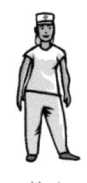

护士

zdravotní sestra

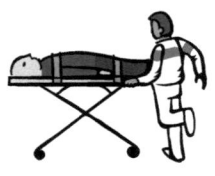

紧急情况

urgentní případ

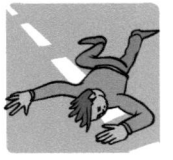

昏迷

v bezvědomí

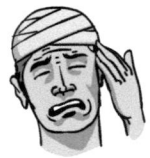

痛

bolest

受伤

úraz

出血

krvácení

心脏病发作

infarkt myokardu

中风

cévní mozková příhoda

过敏

alergie

咳嗽

kašel

发烧

horečka

流感

chřipka

腹泻

průjem

头痛

bolest hlavy

癌症

rakovina

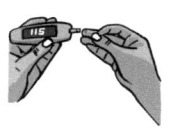

糖尿病

cukrovka

外科医生

chirurg

手术刀

skalpel

手术

operace

CT

CT

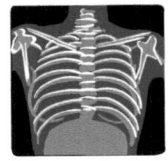

X光

rentgen

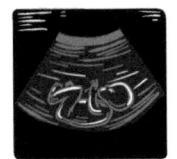

超声波

ultrazvuk

口罩

maska

疾病

nemoc

候诊室

čekárna

拐杖

berle

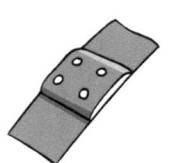

石膏

náplast

绷带

obvaz

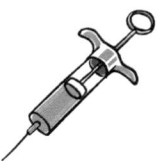

注射

injekce

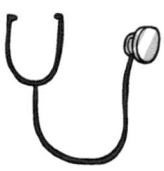

听诊器

stetoskop

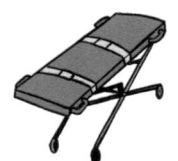

担架

nosítka

体温计

teploměr

出生

porod

超重

nadváha

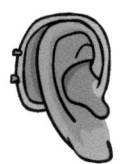

助听器

naslouchátko

消毒液

dezinfekční prostředek

感染

infekce

病毒

virus

艾滋病

HIV / AIDS

药物

lékařství

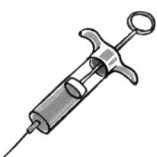

接种疫苗

očkování

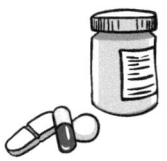

药片

tablety

药丸

pilulka

急救电话

tísňové volání

血压计

tonometr

生病/健康

nemocný / zdravý

救命！

Pomoc!

警报

poplach

突击

přepadení

攻击

napadení

危险

nebezpečí

紧急出口

nouzový východ

着火啦！

Hoří!

灭火器

hasicí přístroj

意外

nehoda

急救箱

zdravotnická brašna

呼救信号

SOS

警察

policie

欧洲

Evropa

北美洲

Severní Amerika

南美洲

Jižní Amerika

非洲

Afrika

亚洲

Asie

澳洲

Austrálie

大西洋

Atlantik

太平洋

Pacifik

印度洋

Indický oceán

南冰洋

Jižní ledový oceán

北冰洋

Severní ledový oceán

北极

severní pól

南极

jižní pól

南极洲

Antarktida

地球

země

陆地

pevnina

海

moře

岛

ostrov

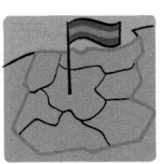

国家

národ

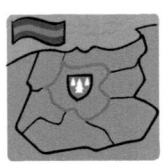

国家

stát

钟面

ciferník

时针

hodinová ručička

分针

minutová ručička

秒针

vteřinová ručička

现在几点？

Kolik je hodin?

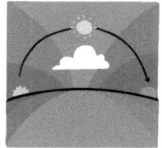

天

den

时间

čas

现在

teď

电子表

digitální hodinky

分

minuta

时

hodina

周

týden

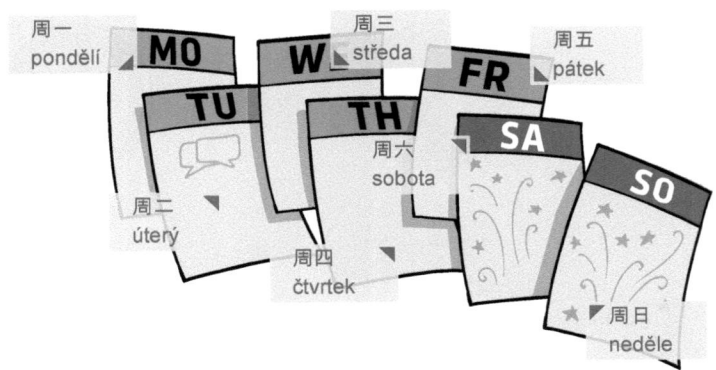

周一 pondělí
周三 středa
周五 pátek
周二 úterý
周四 čtvrtek
周六 sobota
周日 neděle

昨天
....
včera

今天
....
dnes

明天
....
zítra

早晨
....
ráno

中午
....
poledne

晚上
....
večer

MO	TU	WE	TH	FR	SA	SU
1	2	3	4	5	6	7
8	9	10	11	12	13	14
15	16	17	18	19	20	21
22	23	24	25	26	27	28
29	30	31	1	2	3	4

工作日
....
pracovní dny

MO	TU	WE	TH	FR	SA	SU
1	2	3	4	5	6	7
8	9	10	11	12	13	14
15	16	17	18	19	20	21
22	23	24	25	26	27	28
29	30	31	1	2	3	4

周末
....
víkend

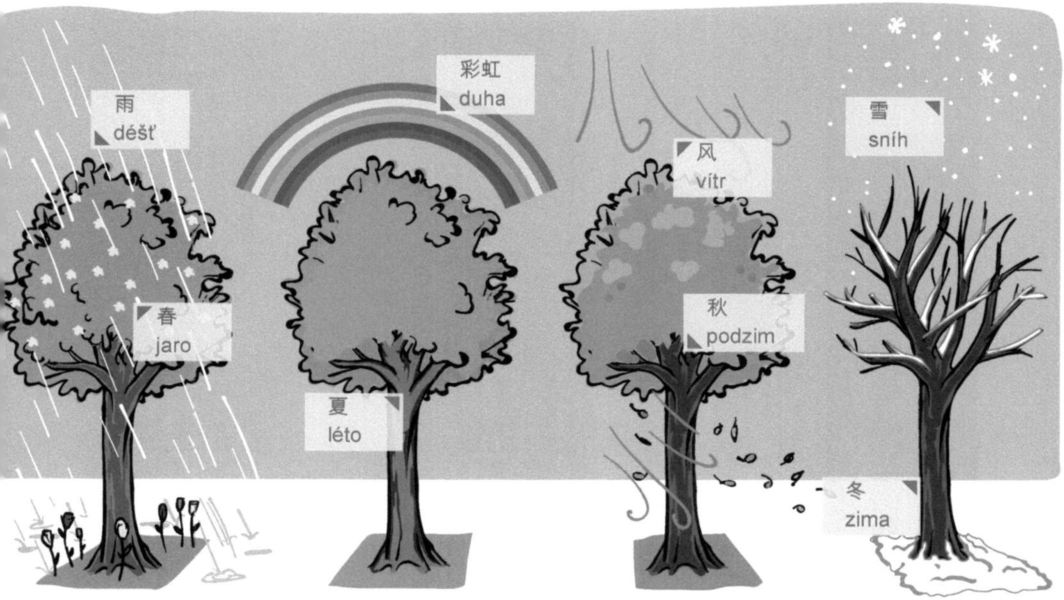

彩虹
duha
雨
déšť
风
vítr
雪
sníh
春
jaro
秋
podzim
夏
léto
冬
zima

4.APRIL 11°
5.APRIL 4°
6.APRIL 13°
7.APRIL 8°
8.APRIL 10°

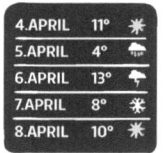

天气预报

předpověď počasí

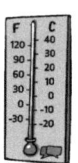

温度计

teploměr

阳光

sluneční svit

云

mrak

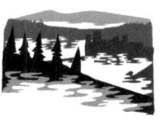

雾

mlha

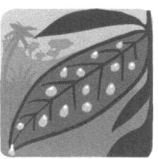

潮湿

vlhkost

闪电

blesk

打雷

hrom

风暴

bouřka

冰雹

kroupy

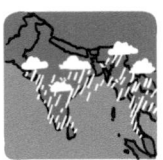

季风

monzun

洪水

povodeň

冰

led

一月

leden

二月

únor

三月

březen

四月

duben

五月

květen

六月

červen

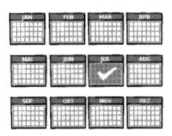

七月

červenec

八月

srpen

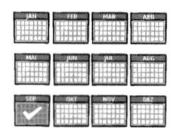

九月

září

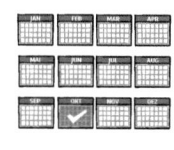

十月

říjen

十一月

listopad

十二月

prosinec

形状

tvary

圆形

kruh

正方形

čtverec

长方形

obdélník

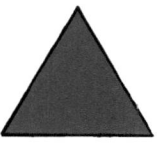

三角形

trojúhelník

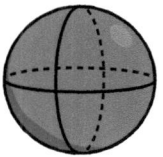

球体

koule

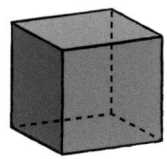

立方体

krychle

颜色

barvy

白
bílá

黄
žlutá

橙
oranžová

粉
růžová

红
červená

紫
fialová

蓝
modrá

绿
zelená

棕
hnědá

灰
šedá

黑
černá

很多/少许

hodně / málo

生气/平静

rozzuřený / mírumilovný

美/丑

krásný / ošklivý

首/尾

začátek / konec

大/小

velký / malý

明/暗

světlý / tmavý

兄弟/姐妹

bratr / sestra

干净/肮脏

čistý / špinavý

完整/缺失

úplný / neúplný

白天/晚上

den / noc

死/生

mrtvý / živý

宽/窄

široký / úzký

可食用/非食用

jedlý / nejedlý

邪恶/善良

zlý / hodný

兴奋/无聊

vzrušený / znuděný

胖/瘦

tlustý / hubený

第一/最后

nejdříve / naposledy

朋友/敌人

přítel / nepřítel

满/空

plný / prázdný

硬/软

tvrdý / měkký

重/轻

těžký / lehký

饿/渴

hlad / žízeň

生病/健康

nemocný / zdravý

非法/合法

ilegální / legální

聪明/愚笨

inteligentní / hloupý

左/右

vlevo / vpravo

近/远

blízko / daleko

新/旧

nový / použitý

没有/有些

nic / něco

老/幼

starý / mladý

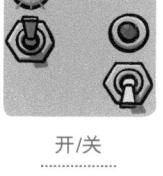

开/关

zapnutý / vypnutý

打开/合上

otevřeno / zavřeno

安静/吵闹

tichý / hlasitý

富/穷

bohatý / chudý

对/错

správný / špatný

粗糙/光滑

drsný / hladký

伤心/高兴

smutný / šťastný

短/长

krátký / dlouhý

慢/快

pomalý / rychlý

湿/干

vlhký / suchý

温暖/凉爽

teplý / chladný

战争/和平

válka / mír

0

零

nula

1

一

jedna

2

二

dva

3

三

tři

4

四

čtyři

5

五

pět

6

六

šest

7

七

sedm

8

八

osm

9

九

devět

10

十

deset

11

十一

jedenáct

12
十二
dvanáct

13
十三
třináct

14
十四
čtrnáct

15
十五
patnáct

16
十六
šestnáct

17
十七
sedmnáct

18
十八
osmnáct

19
十九
devatenáct

20
二十
dvacet

100
百
sto

1.000
千
tisíc

1.000.000
百万
milion

语言
jazyky

英语

angličtina

美式英语

americká angličtina

普通话

standardní čínština

印地语

hindština

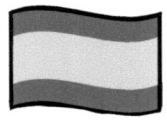

西班牙语

španělština

法语

francouzština

阿拉伯语

arabština

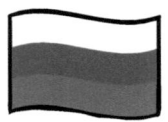

俄语

ruština

葡萄牙语

portugalština

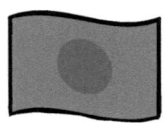

孟加拉语

bengálština

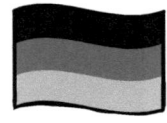

德语

němčina

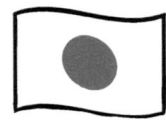

日语

japonština

我

já

你

ty

他/她/它

on / ona / ono

我们

my

你们

vy

他们

oni

谁？

Kdo?

什么？

Co?

怎样？

Jak?

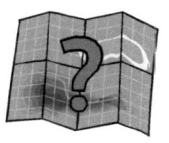

哪里？

Kde?

什么时候？

Kdy?

名字

jméno

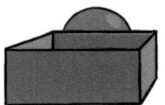

后面

za

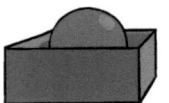

里面

do

前面

z

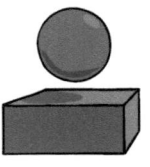

上方

nad

上面

na

下面

mezi

旁边

vedle

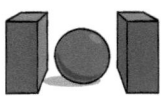

中间

mezi

地点

místo